# El zoo de verano

Isabel Córdova

# El zoo de verano

HOUGHTON MIFFLIN

BOSTON

# Índice

# 1
# Silvia y sus nuevos amigos

Ese verano Silvia se quedó sin ir a la playa. De nada le valieron los lagrimones y las protestas; la decisión ya estaba tomada.

—Si suspendes una asignatura, te quedarás sin vacaciones —le había dicho su padre.

Y suspendió dos y aquí la tienen en casita, con su abuela Pura, dispuesta a estudiar como Dios manda. La abuela sintió pena por las frustradas vacaciones de su nieta, pero no pudo evitar cierta felicidad porque ese verano no tendría que ir a la residencia.

Curro, Luis y Almudena trataron de consolar a Silvia; eran las primeras vacaciones que no disfrutarían con su hermana mayor.

Los pequeños, angustiados, se reunieron, y Curro, como siempre, tomó la iniciativa.

—Tenemos que hacer algo para que Silvia lo pase bien este verano.

—Ya encontraremos alguna solución, ¿no? —respondió Almudena, la más pequeña.

—¡Tengo una idea! —dijo Luis y, colocando los brazos en los hombros de sus hermanos, les explicó el plan.

—¡Oh, es una buena idea! —contestaron a una sola voz Curro y Almudena.

Llegó la hora de partir. Abrazos y besos de sus hermanos y las últimas recomendaciones de sus padres dieron el toque final al principio de su inesperado verano.

«En fin, a lo hecho, pecho», pensó Silvia y luego recapacitó. «Lo tengo bien merecido. Bueno, ahora a estudiar, ver la tele o ir a la piscina. ¡Qué aburrimiento! Y para colmo, todas mis amigas están fuera.»

No habían pasado ni cinco minutos desde que se marcharon sus padres, cuando sonó el teléfono.

—¿Silvia? Hola, soy tu vecina Ana.

A pesar de tener sólo siete años, Ana era una niña muy simpática y despabilada.

—Dime.

—¿Es cierto que no irás a la playa?

—Sí —le respondió con tono tristón.

«Qué rápido vuelan las noticias», pensó.

—¿Y no te aburrirás?

—¡Que va! —disimuló muy bien su tragedia—. Estudiaré por las mañanas y por las tardes iré a la piscina —agregó.

—Qué pena que no hayas podido ir a la playa —insistió Ana.

Silvia notó en la voz de su pequeña amiga un deje de tristeza y le emocionó su solidaridad.

—Gracias por llamarme.

La niña insistió:

—¿Sabes? Para que no te sientas sola, te voy a llevar unos acompañantes preciosos.

Estaba por decirle que no le apetecía ningún acompañante y que prefería estar a solas con sus problemas; pero cuando quiso hablar, Ana ya había colgado el teléfono.

Minutos después llamaron a la puerta. Era Ana, con un niño de su edad.

—¡Hola! Éste es Federico, un buen amigo. Vive aquí cerca y se va de vacaciones.

Era un niño pecoso, que llevaba anteojos redondos. Sus manos aprisionaban una jaula cubierta con un trozo de franela blanca.

Federico tiró de la tela ceremoniosamente, como un mago que muestra una sorpresa, y anunció con mucha felicidad:

—¡Mis *hámsters*! Te los he traído para que te hagan compañía.

Silvia soltó una carcajada y le dijo:

—Muchas gracias, pero yo no quiero tus *hámsters*. Nunca han sido animales de mi predilección. Además, no me gusta tener jaulas en casa.

—Oye —le dijo Federico—, es que no te los regalo. Sólo te los dejo durante el verano, para que te acompañen.

—Sí —dijo Ana—. Tú eres buena y sabrás cuidarlos.

—Pero yo...

Silvia no sabía si reírse o cerrarles la puerta en las narices. Pero el pequeño insistió, muy seguro de sí:

—Te he traído estas tres cajas de su alimento. Tendrán suficiente para todo el verano.

Federico se puso de puntillas con la boquita hacia arriba y Silvia, maquinalmente, le acercó la mejilla para que le diera un beso.

—Sabía que te gustaría —dijo Ana y también la besó.

Antes de que pudiera darles su respuesta, se volvieron, le dijeron adiós y la dejaron con la pareja de *hámsters* en la mano.

«Si esa niña no fuera tan amiga de Almudena y que, a decir verdad, me cae muy bien, en estos momentos la hubiera mandado a freír espárragos, a ella y a su famoso amigo Federico», pensó Silvia.

Guardó la jaula en la terraza que da al jardín, la cubrió con la tela que le había dejado Federico y se fue al salón, donde aguardaba la abuela. Le contó todo lo sucedido con Ana y su amigo y ambas se rieron de muy buena gana. En medio de la risa, Silvia descubrió que no estaba sola: tenía a su abuela.

El timbre de la puerta sonó.

Era Ana, pero esta vez acompañada de su madre y de su gato siamés.

—¡Hola! —le saludó la madre de Ana—. Estoy muy apenada porque me han contado que todos se han ido a la playa y tú te has quedado a estudiar.

Hablaba como una actriz de teatro. Lo que Silvia siempre recordaba de ella era cómo levantaba los meñiques al tomar el café.

—Sí —le dijo—, pero alguna vez tenía que quedarme sin vacaciones y no pasa nada.

Debía defender su orgullo, casi mancillado por la compasión.

—¡Ay, qué fina eres! Lo dices porque eres muy educada, pero el sol de agosto, en la ciudad, no hay quien lo aguante.

—No creas, también tiene su encanto.

Las invitó a pasar al salón y la señora fue directo al grano.

—¿Sabes?, mi hija me ha insistido para que te dejemos nuestro gato siamés. Es muy mono y nunca araña. Te hará compañía y de paso me haces un favor. Como nos vamos de vacaciones, ya no tendré que llevarlo a la guardería de gatos. Mi pobre Pompom, tan solo, con amigos que ni conoce. En cambio, si se queda contigo, estará como en familia.

Silvia no quiso más problemas y se le ocurrió una salida:

—Es que ya tengo unos *hámsters* y el gato puede comérselos...

—¿Los *hámsters* de Federico?

—Sí.

—Ay, que va hija, son un encanto. Esos *hámsters* y nuestro Pompom se llevan de maravilla. ¡Ya lo verás!

—A Silvia le chiflan los animales —dijo Ana—. Si la hubieras visto cuando nos llevó a Almudena y a mí al zoo... Les daba comida a los chimpancés, disfrutaba viendo los delfines, incluso suplicó a los guardianes de los osos panda que la dejaran acariciar al famoso Chu-Lin. Como naturalmente no quisieron, ella se quedó muy apenada.

—También le gustará nuestro gato —insistió la señora—, porque además de tener muchas virtudes, es muy sociable.

—¿Y cómo es eso? —le preguntó con curiosidad Silvia.

Ella sabía que los gatos ajenos eran huraños por naturaleza, desconfiados, enigmáticos y muy poco de fiar. «Tal vez los gatos siameses son harina de otro costal», pensó.

—Hace amistades en el acto y además

es muy limpio —dijo la madre de Ana.

La abuela Pura abogó en favor de Pompom y ya lo tenía entre sus brazos, acariciándole el pelaje.

—Sí, hija, estos gatos son muy obedientes y muy buenos.

—Está bien, abuela.

No bien oyó estas palabras, la madre de Ana se puso en pie y, satisfecha, les mostró su gratitud.

—Gracias. Pompom dormirá hoy en casa. Lo dejaremos mañana al despedirnos y también su cama y sus alimentos.

# 2
# Pico de Oro
# y la piraña bebé

Por la mañana vino tía Maripina, hermana del padre de Silvia.

—Estoy enterada de tu desgracia —dijo y se puso a gimotear.

—No es para tanto —trató de animarla—. Estaré con la abuela y además tenemos animales de compañía: dos *hámsters* de Federico y un gato siamés de Ana.

—¡No me digas!

—Sí.

—Oye, pero lo que a ustedes les hace falta es algo que les dé un poco más de alegría, que les ayude a pasar con resignación las horas de soledad.

Se le iluminó el rostro y dijo:

—¡Yo tengo la solución!

«¡Oh no! Qué se le habrá ocurrido a mi tía», pensó Silvia.

—Mari Carmen, mi vecina, tiene un loro que es un encanto —dijo a viva voz—. Habla como un orador, un auténtico pico de oro, y su compañía resulta grata. El año pasado me lo dejó por vacaciones y quedé encantada con él. Esta vez la convenceré para que lo deje contigo.

A Silvia le brillaron los ojos; había deseado desde siempre tener un loro hablador. De niña se imaginaba que era dueña de un loro mágico, que le contaba cuentos. Los cuentos eran una de sus pasiones y leía todos los libros de relatos que caían en sus manos; prueba de ello es que en literatura siempre sacaba sobresalientes. Su problema siempre habían sido las asignaturas de ciencias.

—Sí, me gustaría tener un loro —dijo con emoción.

Pero recordó sus suspensos, causantes de sus frustradas vacaciones, pensó que con tantos animales que atender, no tendría tiempo para nada y agregó:

—Tengo que estudiar y si se trata de un pico de oro..., tal vez me distraiga.

—¡Existe una solución! —insistió su tía.

—¿Quizá ponerle cinta aislante en el pico? —preguntó Silvia, con una sonrisa.

—No —respondió la tía Maripina—, cuando un loro, durante el día, se pone a hablar demasiado, se le cubre la jaula con un paño negro y el pobre, creyendo que es de noche, ya no habla más...

—Muy interesante. No lo sabía.

—Bien, ¿qué dices? ¿Hablo con Mari Carmen para que te deje el loro?

—Pues, sí —dijo de buena gana—. Ahora seremos tres los que hablemos.

Comenzaba a enfadarse por la labor que le había caído encima, cuando sonó el teléfono. Dudó por unos instantes si responder o dejar que sonara. «¿Y si fueran mis padres?», pensó, y decidió cogerlo.

—¿Sí?

—¿Hoola? —sonó una voz melodiosa—. Soy Loli, la profesora de Luis y de Curro. Ellos me han hablado de ti. Sé que te gustan los animales y me han pedido que te deje mi piraña bebé durante el verano.

—¿Una piraña? ¡Pero si es un pez carnívoro! —le respondió asustada.

Se trata de una *picidifícilis tropicalis* azul bebé —continuó hablando la profesora, ignorando lo que Silvia acababa de decir—, es una especie casi en extinción y, como comprenderás, yo le tengo mucho aprecio. Me la regaló el doctor Thomas W. Cook, al que también se la regalaron, después de batir su récord de permanencia en el interior de la selva americana del Brasil. Como podrás ver, querida, es una auténtica joya y si tuviéramos más tiempo, te podría hacer un análisis de sus características biológicas. Pero te diré, muy someramente, que se trata de...

Y la profesora Loli le siguió dando muchos nombres en latín y griego de las características de tan famoso como desconocido pez y añadió que, como todavía era una piraña bebé, su pecera no era muy grande.

Cuando terminó su largo discurso, Silvia intentó disuadirla, porque no le hacía ninguna gracia cuidar ese animal, aunque de por medio estuvieran sus hermanos.

Tuvo que contenerse para no colgar el teléfono. Sólo atinó a dedir:

—Con lo complicada que es su *picidifícilis tropicalis* no estoy muy segura de saber cuidarla y, además, nunca he tenido una piraña en casa.

—Oh no, querida —respondió en el acto la profesora Loli—. La pecera está perfectamente acondicionada. Lo único que tienes que hacer es darle trocitos de carne dos veces al día y limpiar el acuario con una redecilla tres veces por semana. Nada más.

Silvia acudió a un último recurso.

—¿Y si sucediera algo?

—Que no —nuevamente pasó por alto lo que acababa de escuchar y continuó—. Curro y Luis son niños a los que tengo especial afecto. Les ha hecho mucha ilusión que tú cuides de mi piraña bebé y, créeme, he aprobado gustosa su petición.

Por no dejar mal parados a sus hermanos, Silvia no tuvo más remedio que aceptar y engrosar la lista de invitados para aquel verano memorable.

# 3
# Un pacto con Daniel

La abuela Pura y Silvia acomodaron con esmero a sus inesperados *huéspedes*. Los *hámsters* se quedaron en la terraza. En la parte alta de una percha colgaron la jaula de Pico de Oro. Pompom, el gato siamés, fue al salón, junto al sofá preferido de la abuela, y la piraña bebé, encima de un armario ubicado justo frente a Pompom, al que de tanto en tanto mostraba sus afilados dientes.

Por fin, concluida la tarea, estaban a punto de sentarse a la mesa para cenar, cuando llamaron a la puerta. Era doña Gertrudis, con su perro Tristán, precioso como un copo de algodón, por lo limpio y peludo. También pedía que se lo cuidaran durante el verano.

—Lo siento mucho —le respondió en el acto Silvia—. Me gustaría, pero ya no tengo espacio.

Doña Gertrudis insistió. Rogó. Le relató todas las virtudes de Tristán.

—Se sostiene sobre dos patas, recoge los objetos que se le arrojan, mueve la cola cuando quiere comer, en fin, que es muy limpio...

—Lo siento, no hay espacio —repitió Silvia.

—No entiendo —dijo doña Gertrudis cuando ya se marchaba—. ¿Cómo es posible que esos niños hayan ido llamando a todas las puertas, diciendo que aquí se cuidan animales en verano y ahora no quieras aceptar el mío?

—¿Y quién le ha dicho tal cosa? —le preguntó Silvia, intrigada.

—Tus hermanos —le respondió, con un tono de resentimiento.

Silvia no supo si reír o indignarse, pero

lo que sí le apetecía en esos momentos era tener cerca a sus hermanos y hablar seriamente con ellos. Se disculpó diciéndole:

—Lo siento, todas las plazas están ocupadas.

—Te entiendo —la anciana bajó los ojos y siguió hablando—. Mi hijo me va a llevar de vacaciones, pero quiere que vaya sola, sin Tristán.

Dio media vuelta y se dirigió hacia la puerta. Silvia se quedó con un nudo en la garganta. No soportaba ver sufrir a nadie.

—¡Aguarde! —le gritó—. Tristán puede quedarse. Lo cuidaré bien.

Los ojos y las manos tibias de doña Gertrudis mostraban su gratitud. Silvia cogió a Tristán y lo llevó al salón. La abuela Pura, que se había convertido en cómplice de su nieta, la esperaba con los brazos extendidos para recibir otro huésped del verano. Esta vez mostró la anciana una mayor alegría, ya que los perros eran animales de su predilec-

ción, pero su hija, la madre de Silvia, no le
había permitido tener ninguno.

Silvia se fue a su escritorio, tomó un ro-
tulador y un folio en blanco y escribió, con
letras muy grandes, el siguiente anuncio:

```
NO SE ADMITEN ANIMALES
```

Y lo colocó en el lugar más visible de la
puerta.

Pero aun así, varias vecinas le ofrecieron
por teléfono canarios, *caniches*, y hasta un
mono tití.

A todas les dijo que no.

Horas después, Daniel, su vecino del
quinto izquierda, tocó a la puerta porque no
alcanzaba el timbre.

—¿Puedo pasar? —le preguntó tímida-
mente.

—Venga —le respondió Silvia.

—Es que no he venido solo.

—Ya —le respondió muy seria—, también has traído tu mascota y, como tú te vas de veraneo y yo me quedo, quieres que te la cuide, para tener compañía.

—¡No!

—¿Cómo que no?

—No quiero que me las cuides —dijo con una vocecita que se le quebraba y terminó casi al borde de las lágrimas—. ¡Te las quiero regalar!

Silvia le respondió que no con un movimiento de cabeza.

Daniel no pudo contenerse y se echó a llorar.

Para Silvia, que aún mantenía un sentimiento de culpa por las lágrimas de doña Gertrudis, ver llorar a Daniel se convirtió en una tragedia.

—Tranquilo —le dijo, alzándolo en sus brazos—. Vamos a ver, cuéntame tu problema.

—Nos vamos a la playa —con su manita

se secó el penúltimo lagrimón que le roda-
ba por las mejillas y continuó—, y mi madre me ha dicho que regale mis dos tortugas, pero Almudena dijo que tú vas a cuidar
animales este verano. Yo te las quiero regalar y, si puedes, me las vuelves a regalar
cuando yo regrese.

«Vaya, esto sí que es un trato», pensó
Silvia.

Con su carita llorosa y visible preocupación de recibir un *no* como respuesta, el niño
aguardó en silencio. Hasta que por fin, Silvia se decidió a hablar.

—Vale, Daniel —le dijo—, ahora me las
regalas y yo te las devuelvo a tu regreso. Vamos a ver, ¿dónde están?

Daniel las había dejado detrás de la puerta, en una pequeña cubeta de plástico. Eran
dos, casi del tamaño de una caja de cerillas,
y se las entregó a Silvia. Luego sacó un pequeño frasco del bolsillo de su pantalón.

—Ahí te dejo su comida y, si puedes, les

das lechuga. No te van a molestar —aseguró el niño.

Se lo agradeció, le dio un beso, esta vez con una gran sonrisa, y se marchó.

# 4
# El primer susto y una fuga

La primera semana, el zoo particular marchaba a las mil maravillas. Silvia y la abuela Pura se las habían ingeniado para dividirse el trabajo. La chica iba descubriendo las costumbres de cada animalillo; incluso ya se notaba cierto acercamiento entre ellos.

Pompom, como era un gato sociable, con la primera que intentó hacer amistad fue con la piraña bebé. No contento con mirarla y jugar con ella a través del cristal de la pecera, le dio por meter una mano dentro del agua.

—¡Quieto, gato! —le decía Silvia—. Que te va a dejar manco de un mordisco...

Pero Pompom, además de ser muy mono, era más terco que una mula. Cuanto más lo apartaban de la pecera, más se pegaba a ella. La colocaron encima del estante más alto que había en el salón para evitar una tragedia, pero ahí estaba nuevamente Pompom metiendo la mano en el agua.

Una tarde, cuando Silvia estaba repasando las matemáticas y la abuela viendo la tele, se llevaron un buen susto al oír el maullido de Pompom y el estruendoso ruido de la pecera que estallaba en el suelo.

El gato sociable pegaba maullidos y saltos de un lado a otro; parecía un erizo, con todos los pelos en punta y la cola hecha un escobillón. Salió disparado de la habitación dando brincos y saltó por la ventana. La abuela Pura y Silvia cerraron los ojos. ¡Pobre Pompom! Imagínense, del apartamento de Silvia al suelo hay nada menos que cinco plantas.

—¡Pobre gato, se ha caído! —gritaron a una voz la abuela y Silvia.

Y Pico de Oro repetía:

—¡Se ha caído! ¡Se ha caído! ¡Pobre gato, se ha caído!

Después de la tragedia corrieron a ver al pobre Pompom. Se asomaron a la ventana y fue grande la sorpresa que se llevaron cuando vieron que había caído encima del pequeño trastero. El pobre seguía dando saltos como una pelota de goma que rebotaba entre el vacío y las escaleras de incendio. Luego, haciendo un desesperado esfuerzo, subió al techo y desapareció.

—Al menos está vivo —respiró Silvia con alivio.

—Pobre Pompom —dijo angustiada la abuela Pura.

—¡Está vivo! ¡Está vivo! ¡Pompom está vivo! —gritaba el loro.

—¡Y la piraña bebé!

El grito de Silvia rompió el silencio que había dejado el accidente de Pompom y ambas, como guiadas por un mismo impulso, corrieron a verla.

La pobre piraña se había herido con los cristales rotos y estaba en el suelo, sobre el agua desparramada. Silvia la cogió con una toalla y la metió dentro de una cubeta de agua. La abuela Pura trajo algunas medicinas del botiquín. Trataron de curarla, cuidando de que no las mordiera, aunque el pobre pez ya no tenía ni aliento para mostrar sus afilados dientes y, ante la desesperación de las dos, la piraña bebé estiró sus aletas para siempre.

—¡Qué desgracia! —gritó Silvia.

Sintió un nudo en la garganta que la ahogaba. Ahora qué iba a hacer sin esa piraña de especie tan rara y, para colmo de sus males, sin el gato sociable.

Ella estaba desesperada y la abuela Pura sufría en silencio al verla correr de un lado a otro esperando el regreso de Pompom.

Silvia había leído en alguna parte que, cuando un gato se va espantado de una casa, generalmente, ya no retorna.

«El pobre debe de estar herido y yo sin poder hacer nada», pensó Silvia.

La chica tenía cierta esperanza de que Pompom regresaría en cualquier momento. Abrió todas las ventanas, dejó trozos de carne en los vanos tratando de despertar su atención, pero nada. Aguardó hasta muy entrada la noche, hasta que la abuela Pura la convenció para irse a la cama.

Las tres noches siguientes, Silvia repitió el mismo ritual de dejar abiertas las ventanas, colocar los trozos de carne y esperar a Pompom hasta muy tarde, pero él no daba señales de vida. A medida que pasaban los días, ella y la abuela perdían toda esperanza de volver a verlo.

Una noche, cuando Silvia se encontraba en el salón y la abuela Pura se había ido a dormir, escuchó unos ruidos extraños que venían de la cocina. Un escalofrío atravesó todo su cuerpo.

«Lo único que falta es que sean ladrones»,

pensó. Estaba enterada de que durante el verano se producen muchos robos y, tal vez, ahora ella era víctima de uno.

Aguantó la respiración y aguzó las orejas.

Era un ruido de un forcejeo, como si alguien tratara de abrir la ventana. Cogió el teléfono y, sin pensarlo más, marcó el 091.

—¿Policía Nacional?

—Diga —respondió una voz amable.

—Estoy en casa con mi abuela y hay un ladrón tratando de entrar por la ventana de la cocina —dijo muy bajito y le dio las señas de su dirección.

—¿En qué habitación se encuentra? —le preguntó el policía.

—En el salón —le respondió muy asustada.

—Procure irse a la habitación de su abuela, eche bien el cerrojo. Y no desespere, llegaremos pronto.

Dejó encendida la luz del salón y de puntillas se fue a la habitación de su abuela. Ya dentro, corrió todos los cerrojos que pudo y encendió la luz. Con todo este jaleo, la abuela se había despertado y, sentada sobre la cama, le preguntó:

—¿Qué pasa, hija mía?

—Abuela —le dijo muy asustada—, hay un ladrón que quiere entrar por la ventana de la cocina.

La abuela Pura saltó de la cama, se puso su bata, fue al ropero y cogió un cinturón de piel muy grueso, que perteneció a su marido.

—No te preocupes, hija mía, que no hay ladrón que valga, mientras yo esté en esta casa.

«Qué coraje tiene la abuela», pensó. Y de pronto se sintió más serena, dejó el miedo a un lado y la abrazó diciéndole:

—¡Ésta es mi abuela!

La abuela Pura abrió las cerraduras de su dormitorio y, empuñando con fuerza el cinturón, salió delante de su nieta y se dirigió con mucho aplomo hacia la cocina. Silvia, esta vez, ya no caminó de puntillas.

Cuando la abuela estaba a punto de entrar en la cocina para sorprender al ladrón, sonó el timbre de la puerta. Silvia, antes de abrir, preguntó:

—¿Quién es?

—La policía —respondió una voz detrás de la puerta.

Entraron dos policías como en la tele, y eso le produjo un repeluzno a Silvia, pero después de dialogar brevemente con ellos e indicarles dónde estaba la cocina, recobró la calma.

A la abuela, como era de suponer, la encontraron cinturón en mano, buscando por todos los rincones al supuesto ladrón. La policía hizo lo mismo y no halló ni el más mínimo rastro.

De pronto, cuando ya se marchaban, detrás de la ventana se oyó un toque, como si alguien estuviera allí. Uno de los policías les dijo que esperaran fuera. Se colocaron en posición de alerta, para no dar tiempo a huir al ladrón. En un santiamén abrieron la ventana y... ¡SASSS! Por encima de ellos saltó Pompom, el gato sociable.

Después de recobrarse de la sorpresa, los policías se rieron y Silvia se puso colorada como un tomate.

—¿Es tuyo el gato? —le preguntó uno de los policías.

—No, pero yo lo cuido durante el verano y ha huido de casa porque ha tenido problemas con la piraña bebé.

Los policías intercambiaron miradas, desconcertados. Tal vez pensaron que la chica estaba medio chalada y volvieron a sonreír.

—¡Vaya, vaya! —dijo el más alto, y dándole algunas recomendaciones que venían al caso se retiraron.

—¡Qué corte! —le dijo Silvia a su abuela—. No cabe duda de que estos simpáticos policías creen que estoy un poco loca.

—¿Miaaauuu? —se quejó el gato, que se encontraba descansando en los brazos de la abuela Pura.

La chica se volvió hacia él con ganas de arrojarle un florero. Pero cuando la abuela puso a Pompom en el suelo, el pobre cojeaba que daba pena.

Silvia le revisó la pata mala y después de curarlo lo vendó al estilo momia, con una cinta de esparadrapo pasado y repasado.

Como el pobre Pompom levantaba cómicamente la pata para caminar, le puso un cabestrillo y le cruzó el trozo de tela sobre la cabeza. Y él, muy feliz, se dejó acabar de curar.

Con los cuidados que le daban la abuela y Silvia, Pompom sanó muy pronto.

Y ahora, lo que más preocupaba a Silvia era cómo haría para encontrar una piraña bebé *picidifícilis tropicalis.*

# 5
# Crece la familia

Una mañana, cuando Silvia se acercó a la jaula de los *hámsters* para darles de comer, se quedó con los ojos tan abiertos como lunas llenas y sin saber qué hacer.

¡Habían nacido muchísimos pequeños *hámsters* durante la noche!

Con el mayor cuidado del mundo los contó, porque eran casi tan pequeños como garbanzos. Tenían los ojillos cerrados y la piel totalmente desnuda, sin un solo pelo. «Con lo peludos que son sus padres», pensó. ¡Eran ocho!

La madre los miraba orgullosa. Parecía querer arroparlos con unos trozos de lana y las cáscaras de su comida.

Silvia fue corriendo y les trajo un trozo de algodón. Lo puso al alcance de la madre.

Era increíble. La mamá *hámster* extendió el algodón, hizo una especie de manta y los abrigó.

La chica pensó que, posiblemente, necesitarían algún cuidado especial y no sabía cómo dárselo. Inmediatamente acudió a su abuela, quien, después de verlos, fue al cuarto trastero y trajo una jaula donde colocó al padre de los pequeñines. Y antes de que le preguntara Silvia por qué separaba al padre de sus hijos, la abuela Pura le dijo:

—Lo hago porque el padre es muy celoso del cariño que la madre da a los pequeñajos.

Una mañana, Silvia salió a comprar alimentos para sus animales y, como su obsesión continuaba siendo la piraña, le preguntó a la dependienta dónde podría conseguir una. La buena mujer le dio una pequeña lista de teléfonos de los lugares donde podría encontrar peces de diferentes especies, desde los más bellos hasta los más raros.

—Aunque a decir verdad, esa piraña bebé, tal como me la describes, no me suena de nada y no sé si podrás encontrar una igual —le dijo apenada.

Silvia volvió a su casa desconsolada. Media hora después, había terminado de hablar por teléfono con los acuarios de la lista proporcionada por la dependienta de la tienda. Ninguno tenía la más remota idea de cómo encontrar una piraña bebé de esa especie.

Sólo uno de ellos le dio una pequeña esperanza. En cuanto pudiera, iba a consultar con el dueño del establecimiento que, como es lógico, también estaba de vacaciones.

Al día siguiente, el señor Muñoz, que así se llamaba el dueño del acuario, se puso en contacto con la chica.

—¿Silvia?

—Sí.

—Soy Pepe Muñoz, del acuario *El Tiburón*. ¿Tienes mucha prisa por conseguir la *picidifícils tropicalis?* —el hombre le habló como si lo hiciera con la ayudante de un especialista.

—Sí, mucha.

—¿Trabajas en un laboratorio?

—No, ¿por qué? —le respondió un tanto sorprendida.

—Si se trata de alguna emergencia oficial o institucional, tal vez podrían aligerar los trámites.

A la chica le pareció exagerado todo esto y le preguntó muy seria.

—¿Es necesario tanto jaleo?

—Sí. Porque esa piraña habita en un río muy remoto de los bosques del Brasil. En caso de que la localicemos, deberá viajar catorce mil kilómetros en avión y algo más si viene por barco.

«Madre mía, en buen lío me he metido», pensó Silvia. Se quedó muda por unos instantes y sólo pudo reaccionar cuando el señor Muñoz le dijo:

—¿Qué dices?

Lo primero que quiso saber fue el precio, ya que sólo contaba con la propina que le habían dejado sus padres, y los gastos de la casa, que los administraba su abuela. Así, le preguntó a su interlocutor:

—¿Cuánto me costaría la piraña bebé?

—En este momento no podría decírtelo con exactitud. Pero tengo entendido que su precio es muy alto, ya que se trata de una especie en extinción y además tendríamos que sumar a ello el embalaje, el transporte desde Brasil...

Y continuó enumerando todos los otros gastos habidos y por haber.

Lo único que atinó a responderle Silvia fue:

—Voy a consultarlo con mi abuela y si decidimos algo, le llamaremos —y colgó el teléfono.

Corrió angustiada donde se encontraba su abuela y le dijo:

—¿Qué hago, abuela? Dice ese hombre que la piraña bebé cuesta un dineral.

—Dirás *qué hacemos,* hija —le respondió la abuela Pura.

La miró desconcertada y luego sonrió diciéndole:

—¿Qué hacemos, abuela?

—Tengo algún dinero ahorrado y podrá servir para algo, no te preocupes. Debemos seguir preguntando en otros establecimientos. En esta ciudad hay de todo, ya verás.

Silvia se quedó más tranquila después de hablar con su abuela. Atendió a sus mascotas y luego cogió las páginas amarillas y tomó nota de los teléfonos y direcciones de los acuarios de la ciudad.

# 6
# El teléfono está loco

Era un fin de semana, casi de madruga-da, cuando el teléfono comenzó a so-nar insistentemente.

—¿Me pones con Silvia, por favor?

—Sí, soy yo —le respondió la chica, me-dio dormida.

—¿Cuánto me cobrarías por cuidarme tres cachorros de dálmata de cuatro meses de edad, durante veintidós días?

—¿Veintidós?

—¡Veintidós mil! ¡Vale! ¿Cuál es tu di-rección?

Silvia se refería a los veintidós días y no a la cantidad de pesetas que le quería pa-gar su interlocutora por el cuidado de sus ca-chorros. «Aunque a decir verdad, no me vendría mal ganarme unas pesetillas, pero ya no tengo espacio», pensó. Y adoptando la postura de una persona mayor le respondió:

—Querida mía, yo no cuido perros.

—¿Y por qué? ¿Es que eres una especie de enemiga de los perros? —le preguntó indignada la misteriosa señora.

Silvia soltó una carcajada, tapó el teléfono para que no la oyera la desconocida y, volviendo a su anterior postura de persona mayor, le dijo:

—No, que va. Lo que ocurre es que ya tengo las plazas completas. Y además, quiero que sepa que yo amo a los animales —y le iba a decir que «incluso los cuido gratis», pero prefirió callarse.

—No tener un espacio para mis cachorros... Se nota que amas a los animales —se burló la señora al otro lado de la línea.

Silvia se indignó por aquellas palabras. O le decía todo lo que siempre había pen-

sado sobre algunos malos dueños de los animales o le colgaba el teléfono. Se decidió por
lo primero.

—Quiero que sepa que siempre me ha
indignado la suerte que corre la mayoría de
los animales cuando sus dueños se van de
vacaciones. Se valen de tretas para dejarlos
abandonados en las carreteras, en los mer-
cados y en los aparcamientos, los apartan
con engaños y les compran comida. Y mientras están saboreando su último potaje, los
muy inconscientes parten disimuladamente.
Y también quiero decirle que me dan aún
más pena los perros de la lluvia.

—¿Los perros de la lluvia? —le preguntó
intrigada la mujer.

—¿Es que no sabe qué son los perros de
la lluvia? ¡Me extraña mucho, señora, que
no lo sepa! —le contestó Silvia y agregó—.
¡Dios mío, en qué tiempo vivimos! Si lo han
dicho hasta en la tele —y con mucha serie-
dad continúo—. Les llaman «perros de la llu-

via» porque sus dueños los llevan en coche, lejos de su casa, y los abandonan cuando llueve. Entonces, el agua borra todo rastro de sus amos y los pobres, al no saber a dónde ir, se quedan aullando durante varios días, sin moverse del lugar donde los dejaron.

—¡Lo que me cuentas es una auténtica barbaridad! —le contestó alarmada la mujer y agregó conmovida—. Si no encuentro un lugar para mis cachorros, los llevo conmigo, aunque mi marido se enfade.

—Es lo mejor que puede hacer, porque daría pena ver a sus cachorritos aullando en una esquina hambrientos y tristes. Esto, en el caso de que usted no encuentre un lugar donde dejarlos y su marido no acepte llevarlos.

—¡Ay, hija, qué dices! ¡Toca madera! Si eso sucediera, me quedo en casa con mis cachorros.

—Dios la oiga —le respondió Silvia.

—Tiene que ser así. De todas maneras,

muchas gracias —y antes de despedirse añadió—: Si no tienes espacio, sería bueno que
quitaras el anuncio que has puesto en el periódico, de lo contrario el teléfono se va a
volver loco de tanto sonar.

—¿En el periódico? —le contestó con-
fundida.

—Sí, en el *Segunda Mano.* Hay un anuncio que dice... Vamos a ver —cogió el periódico que tenía a su alcance y leyó— «Cuido todo tipo de animales en verano.
Preguntar por Silvia en el teléfono 573...».
Bueno, adiós.

Apenas colgó el teléfono la dueña de los
cachorros, sonó otra llamada pidiendo que
le cuidaran otro perro y, poco después otra,
y cerca del mediodía ya había recibido más
de veinte llamadas.

A todas les contestaba que ya estaban
ocupadas todas las plazas.

Aquello era increíble. Optó por dejar descolgado el teléfono y se fue a comprar el pe-

riódico. Buscó las páginas de oportunidades y ahí estaba. «¿Quién me habrá hecho esta bromita?», pensó muy enfadada.

Enumeró a sus posibles candidatos. Entre ellos estaba Jorge, que estudiaba en su misma clase. Lo descartó de inmediato, porque era un chaval «prudente», como dice la abuela. Su otra candidata era Ana, «por hacerme un favor...», pero después de pensarlo bien la borró de su lista; era muy pequeña para hacer esa clase de bromas. Y continuó pensando en otros posibles sospechosos.

Ya muy entrada la noche, conectó de nuevo el teléfono... El condenado aparato volvió a sonar en el acto; todos le solicitaban el cuidado de los animales más insólitos.

No hubo más remedio que dejar descolgado el aparato indefinidamente.

Al cuarto día llamaron con mucha insistencia a la puerta. Fue corriendo, pero antes de abrir, se paró de sopetón, temerosa de que fuera alguien ofreciéndole una jirafa o un enorme oso blanco. Y preguntó quién era.

—¡El cartero! ¡Telegrama urgente! —le respondió al otro lado de la puerta.

Le dio un vuelco el corazón, porque los telegramas no siempre son gratos.

El telegrama decía:

«Estamos preocupados. Hace días que el teléfono comunica y no sabemos si están bien. Urgente comunicarse con nosotros.»

Firmaban sus padres.

No le quedó más remedio que coger el teléfono y hablar con ellos, explicándoles todo lo que pasaba. Lo dejó conectado y notó que la gente ya no llamaba. Se puso a estudiar y de pronto nuevamente el famoso:

¡¡¡Riiiinnnnggggg!!!

Muy enfadada tomó el aparato.

—¿Silvia? —era la voz de su amiga Mónica.

—Sí, dime —le dijo sonriente.

—Por lo visto el anuncio del periódico dio resultado.

—¿Qué? ¿Fuiste tú la del anuncio?

—Por supuesto. Tus hermanos me contaron tu problema y quise echarte una mano para que pudieras pasar estas vacaciones entretenida. ¿Cómo te va? Cuéntame.

Silvia quiso colgarle el teléfono, pero la amistad que las unía desde la guardería pudo más.

—No acepté a ninguno de los del aviso. ¿Quieres saber por qué? Porque tengo animales hasta en el aparcamiento del coche. ¿No te apetecería ayudarme a cuidar alguno?

Y Mónica muy seria, respondió:

—Lo siento, pero no puedo ayudarte. Te llamaba para despedirme. Esta tarde me voy con mis padres de vacaciones.

A Silvia le daban irrefrenables ganas de regañarle por semejante broma.

# 7
# Detergente atómico

Ese día de verano, la temperatura había bajado a 27 grados. Hacía un clima ideal. La abuela Pura cogió su bolso y su hermoso abanico y le dijo a Silvia que salía de compras. La nieta le recomendó:

—Abuela, no tardes.

—No te preocupes, estaré de vuelta sobre las doce.

Silvia estaba a punto de tomar una refrescante ducha, cuando sonó el teléfono. Su primer impulso fue no contestar, todavía le duraba el trauma de aquella broma. «¿Y si fueran mis padres?», pensó, y cogió el aparato.

—¿Silvia?

—Sí. ¿Quién habla?

—Soy Eva, la portera. Quiero hacerte una

consulta con respecto a un canario que tengo.

Irguió el cuello, frunció el ceño y tragó saliva. «Vaya, ahora me creen especialista en animales», pensó. Aunque, secretamente, le agradó la idea.

—¿Qué le pasa a tu canario? —le preguntó.

—Nada, simplemente que el pobre está algo alteradillo y creo que lo que necesita es un buen baño y, como hoy es domingo, no puedo comprarle su *Piolín* con suavizante. ¿Crees que, si lo baño con champú, podría quedar bien?

—Me parece que sí —le respondió.

Silvia se acordó de la propaganda de la televisión, de un conocido champú y le dijo:

—Si no daña la delicada piel de los niños, menos aún las plumas del canario.

—Gracias, bonita, y adiós.

«Vaya, al menos entre los vecinos, ya se me considera toda una autoridad en el manejo de las simpáticas mascotas de andar por casa», se dijo con gran satisfacción Silvia.

Realizó la visita de rigor a sus animales. Vio que la abuela Pura ya les había dado de comer. Abrió las ventanas. Aspiró con fuerza la frescura de aquella mañana de agosto. Casi no se sentían ruidos. La ciudad estaba desierta. Por un momento se sintió como si ella fuera la única habitante de este planeta y comenzó a dar voces:

—¡Eres sólo mía! Tus parques, tus calles, tu silencio y tu incomparable belleza.

Silvia se sentía dueña de toda la ciudad esa mañana.

Le apetecía dar un breve paseo. «De pasada preguntaré en algún acuario sobre la piraña bebé», pensó.

Se cambió con rapidez y, cuando ya se disponía a salir, sonó una vez más el bendito teléfono.

—¿Silvia? —era la voz de un hombre.

—Sí, ¿con quién hablo?

—Ven inmediatamente —era una voz jadeante.

—¡A dónde voy a ir si no sé ni quién llama! —le respondió muy enfadada.

—Soy Santiago, el marido de Eva. La pobre se ha desmayado y creo que está muy grave.

—Aguarda, bajo ahora mismo.

Eva estaba tirada sobre la moqueta. Cerca de ella Santiago la abanicaba con una revista. A un costado había un montoncito de plumas mojadas. Se fijó bién... La pobre mujer sostenía entre las manos el cuerpo del canario sin una sola pluma que lo cubriera.

—Pobre canario. ¿Qué ha pasado? —le preguntó muy preocupada.

—Eva preparó el baño del canario y se puso a lavarlo. De pronto comenzó a dar gritos. Acudí a su lado en el acto, para ver qué pasaba, y noté que las plumas del canario se le caían como quien deshoja margaritas.

Debían atender a Eva, pero antes cogió

con cuidado el pobre canario y lo colocó sobre el sillón.

Silvia había leído alguna vez que, en casos de desmayo, era necesario levantarle los pies al paciente para que tenga más sangre en la cabeza. Cogió, con un poco de esfuerzo, los pies de Eva y los colocó en alto.

Santiago la miraba entre incrédulo y asustado.

La mujer recobró sus colores y comenzó a reanimarse.

—Mi ca-na-rio —balbuceó—. Lo he bañado y ha quedado desplumado.

—¿Lo bañaste con champú? —le preguntó Silvia llena de curiosidad.

—No —le respondió—. Lo lavé con detergente y le puse unas gotitas de suavizante para que oliera bien y ya ves los resultados —se llevó las manos a la cara y comenzó a llorar.

Silvia, que estaba enterada de todo, le dijo:

—No me extraña que el pobre haya quedado como una bola de billar, si lo has bañado casi con sosa pura.

El canario tenía los ojos entrecerrados y apoyaba la cabecita encima del ala, como si quisiera abrigarse.

La chica no pudo contener su indignación y dijo:

—Esto es un crimen.

Eva lloró casi dando gritos y Silvia, con temor a que le volviera el desmayo, la consoló:

—Con llorar no vas a solucionar nada. Lo que tenemos que hacer es cubrirlo en seguida con un trozo de algodón para que se pueda abrigar. A los perritos que no tienen mucho pelo —agregó— se les pone un jersey en invierno. No te preocupes, todo irá bien.

Gracias a los cuidados de Eva, la canora avecilla sobrevivió finalmente al detergente atómico.

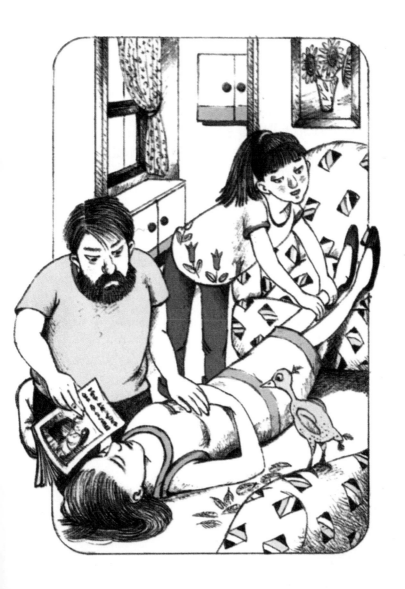

Dos semanas más tarde, llena de entusiasmo, Eva llamó a Silvia para mostrarle que sobre el cuerpo del canario asomaban unas plumas diminutas.

# 8
# Llegan los bomberos

Pipas, trigo y unas piedras menudas para los *hámsters*, plátano y maíz cocinado para el loro, comida comprimida para las tortugas, copos vitaminados para el siamés sociable, y para Tristán, alimentación en conserva. Los alimentaban bien y los tenían muy limpios.

Silvia había logrado en pocas semanas distribuir bien su tiempo: los quehaceres de su casa, el cuidado de su pequeño zoo, sus estudios y de, cuando en cuando, ir a la piscina. Pero esa tarde quiso hacerle un pequeño regalo a su abuela y le dijo:

—Abuela, te invito al cine.

—Tú me invitas y yo pago las entradas, ¿qué te parece? —le respondió con una sonrisa su abuela.

—No es mala idea —le contestó Silvia devolviéndole la sonrisa.

Al salir del cine, comentaron la película y, como les apetecía sentir el fresco de la noche, se fueron caminando.

Cuando estaban a dos calles de su casa, vieron coches de bomberos y automóviles de la policía, con las sirenas apagadas pero con los faros giratorios soltando sus luces. Todos los vecinos estaban en sus ventanas y en las aceras.

—Algún accidente —dijo la abuela.

—Eso parece —respondió Silvia.

A medida que se aproximaban, se fueron poniendo nerviosas, porque los bomberos y policías... ¡estaban frente al edificio donde ellas vivían!

Los últimos treinta metros Silvia los hizo a la carrera y la abuela apresuró sus pasos. Al llegar a la puerta, la chica le preguntó a Santiago qué era lo que había pasado y el portero, sin volverse, le respondió que la anciana del quinto derecha estaba herida.

Silvia tragó saliva y casi gritó.

—¡Pero si mi abuela está aquí!

El hombre se volvió para mirar a la abuela, agrandó los ojos y balbuceó.

—¡Usted, está aquí! Pero... si no es usted, ¿quién está allá herida? —agregó asustado.

Silvia le dijo a su abuela que esperara y corrió al ascensor. No la dejaron entrar y entonces les dijo a gritos que aquél era su apartamento y que tenía todo el derecho a subir.

Le impidieron el paso, pero pudo salvar esos obstáculos y, con la agilidad de un lince, subió las escaleras. El único pensamiento que tenía en mente era salvar a sus animales.

«¡Pobrecillos! ¿Cómo estarán mis *hámsters*, el gato sociable, Tristán...? Dios mío, haz que no les haya pasado nada», pensaba mientras subía de dos en dos los escalones.

Llegó justo en el momento en que un

bombero, con el hacha en la mano, iba a derribar la puerta.

—¡Espere! Yo tengo la llave.

Abrió y, en el acto, salieron bocanadas de humo.

Entonces sí estuvo a punto de desmayarse. Algo muy grave sucedía allí dentro, sin la menor duda.

Entraron los bomberos y descubrieron que un gran fuego empezaba a propagarse junto a la cocina.

—¡Extintores! —gritó el jefe de los bomberos.

—¡Cuidado! —gritó otro—. ¡El fuego está muy cerca de dos bombonas de gas!

Silvia se quedó aterrada. Si el fuego alcanzaba las bombonas, éstas explotarían. «Y mis pobres animalitos volarían por los aires», pensó desesperada. No pudo más y comenzó a dar voces:

—¡Por favor, salven a mis animales! —les gritó.

Quiso meterse a la fuerza, pero uno de los bomberos la retuvo y exclamó:

—¡Quédate donde estás y no interrumpas nuestro trabajo!

Estaba a punto de abrirse paso a codazos para salvar a sus mascotas, cuando apareció Tristán totalmente cubierto de espuma contra incendios; parecía un copo de nieve ambulante y, en vez de ladrar de emoción al ver a Silvia, el pobre tosió con una extraña voz. Silvia levantó el perrillo y abrazándolo con fuerza le dijo:

—¡Tristán!, ¡querido Tristán!

Y Tristán, como si quisiera contarle la tragedia que había sufrido en el incendio, ladró haciendo un esfuerzo.

—¡Guau..., guau..., guau!

Los bomberos seguían trabajando arduamente para apagar el incendio. Acudieron dos de ellos con gruesos extintores a cuestas. Con mucho valor se metieron casi en el mismo corazón del fuego. Soltaron grandes chorros de espuma líquida y las abrasadoras llamas, como por arte de magia, empezaron a reducirse.

Pero el humo seguía invadiéndolo todo y era casi imposible ver qué pasaba dentro.

—¡Ya no hay fuego! —gritó uno de los bomberos.

Al oír esto, Silvia dejó a Tristán a salvo y entró para auxiliar a los otros animales, pero su carrera fue interrumpida por un bombero de porte grueso que le dijo con amabilidad:

—No entres, hay una persona herida y puede resultar desagradable que la veas.

—¿Pero quién puede ser? —le preguntó angustiada.

—Eso lo sabremos muy pronto. Y no se te ocurra entrar —le advirtió nuevamente.

Silvia aguardó impaciente y, en medio de la confusión, el humo y los bomberos con extintores de incendio en las manos, oyó unos gritos destemplados:

—¡Auxilio! ¡Socorro! ¡Fuego, por Dios, estoy herida!

—¡Está vivo! ¡Está vivo Pico de Oro! —dijo Silvia en voz baja, llena de alegría.

—¡Está viva! ¡La mujer está viva! —gritó el jefe de los bomberos—. ¡Que traigan una camilla! ¡Pronto!

Abrió las ventanas del salón y el humo salió en bocanadas a la calle.

Los gritos continuaban.

—¡Auxilio! ¡Socorro! ¡Estoy herida!

Uno de los bomberos corrió hasta el lugar de donde procedían los gritos y se encontró con la sorpresa de que quien gritaba era Pico de Oro.

El bombero apareció con la jaula del loro, que seguía gritando. Pese al zafarrancho que había armado, Silvia se sonrió, y le pidió al bombero que se lo entregara.

Cogió la jaula, miró a Pico de Oro por todas partes, para ver si se encontraba bien, y le dijo:

—Vaya lío que has ocasionado.

Y el pobre loro, que estaba ronco de tanto gritar, siguió diciendo:

—¡Estoy herida, Silvia! ¡Estoy herida!

El gran susto que se había llevado Pico de Oro no era para menos. Ella, para consolarle, le dijo:

—Nada te va hacer daño. Estás conmigo.

Pico de Oro, como si la hubiera entendido, se quedó callado.

Los *hámsters* y el gato sociable no se enteraron de nada, porque estaban en la terraza.

Aparte de un armario que se había quemado casi por completo y el gran susto del incendio, lo único que quedaba de éste era ese olor a humo y... ninguna desgracia que lamentar.

Apareció el mismo policía de la vez anterior y la reconoció en el acto. Miró a Silvia muy serio.

—Vamos a ver —dijo de forma inquisi-

tiva—, ¿puedes explicarme cómo se produjo el incendio?

—No lo sé. Estábamos fuera cuando sucedió.

—Ha sido un cortocircuito —dijo el jefe de los bomberos.

—Vaya —dijo el policía—. ¿Y a quién se le ocurrió decir que había una señora herida en el piso?

—Fui yo quien llamó a la policía por lo del incendio —le respondió doña Rafaela, una anciana que vivía en el quinto izquierda.

La pobre no acababa de enterarse de que había sido el loro el que pidió auxilio.

—Fue el loro el que gritó y no mi abuela Pura —le aclaró indignada Silvia.

—Me pareció su voz —insistió la anciana, muy confusa.

Silvia prefirió no contestarle.

—En fin —dijo el policía—, es posible que, cuando el humo comenzó a ahogarlo, el loro se desesperase y gritase.

—¡Es un loro héroe! —dijo el jefe de los bomberos.

Un señor desconocido que acababa de llegar insistió:

—¿Cree usted que se trata de un loro héroe?

—Yo no sé cómo se le puede llamar a un loro que alerta de un incendio, alguien llama a los bomberos y se evita una tragedia con esas bombonas de gas que han estado a punto de explotar —le respondió el bombero.

—¿Hay algún culpable? —preguntó el extraño.

—No. Fue un cortocircuito —dijo el policía.

—Entonces no hay ninguna persona herida —insistió el hombre.

—Que no; era un loro al que confundieron con la anciana, con perdón —se disculpó el policía.

La abuela Pura llegó con los ojos llorosos, cuando bomberos y policías ya se marchaban. Se quejó a su nieta de que no le habían permitido subir hasta que pasara el peligro.

# 9
# El loro héroe

Silvia y la abuela Pura se pusieron a limpiar los restos de lo que significa haber soportado un incendio. Todo olía a humo y parecía que había pasado por allí una marabunta.

Esa misma noche, Silvia llamó a sus padres y les explicó lo sucedido. Éstos quisieron regresar de inmediato, pero la abuela Pura les dijo que no había por qué preocuparse. Ellas estaban muy bien y, además, un pequeño accidente le pasaba a cualquiera. Y con esta justificación de la abuela, decidieron quedarse unos días más.

Al día siguiente, Silvia fue a dar de comer a sus animales. En tan poco tiempo se había acostumbrado a ellos y los había llegado a querer.

Al llegar a la cubeta de las tortugas pegó un brinco... ¡Habían desparecido!

Se quedó paralizada. «Pobres tortugas; seguramente el humo las hizo huir, estarán en algún rincón escondidas y se morirán de hambre», pensó con mucha preocupación.

Las buscó por todas partes, por todos los rincones, y no apareció ninguna. Le contó a la abuela Pura la mala noticia y la anciana le dijo:

—No te preocupes, hija. No deben de haber salido de la cocina.

—Tal vez el humo las ha ahogado, abuela.

—Las tortugas están hechas a prueba de humo —dijo bromeando—. Pon su alimento en las partes más visibles de la cocina y saldrán.

—Que no, abuela. Ya las he buscado por todos los rincones y nada.

—Tranquila, haz lo que te digo y se dejarán ver.

Silvia hizo lo que le dijo la abuela y montó

guardia durante algunas horas, con la esperanza de que aparecieran.

Sonó el teléfono. Era su amiga Mónica, muy emocionada.

—Silvia, eres la envidia del barrio.

—¿Y por qué me tienen que envidiar? Seguro que es otra de tus famosas bromas —dijo poniéndose muy seria—. Ahora no tengo aguante para esas cosas.

—Qué broma ni que ocho cuartos. ¿Es que no lo has leído en el periódico?

—¿En el periódico?

—Pues oye esto: «Un simpático loro alertó a los bomberos y a la policía cuando se produjo un incendio y evitó que explotaran dos bombonas de butano que hubieran podido causar una gran tragedia. Sucedió ayer, cuando un cortocircuito...» —y siguió relatando la historia en donde también apareció citado el nombre de la abuela Pura y el de Silvia, la dirección de la casa y todo lo demás.

—Para mí, es la primera noticia.

—¿Es que no se te incendió la casa?

—Sí..., pero... Ahora comprendo: ese señor extraño que estaba haciendo preguntas debía de ser un periodista.

Mónica no quiso entrar en detalles. Tenía prisa, volvió a felicitarla y se despidió de ella.

Poco después llamaron de una revista para preguntarle si podían hacerle unas fotos al loro. Silvia no se negó y aceptó que le tomaran cuantas quisieran.

El teléfono sonó una y otra vez. A lo largo del día llamó mucha gente preguntando sobre el loro héroe, entre ellas la presidenta del Club de Amigos de los Animales.

Pasaron los días y, por más lechugas y golosinas que ponía Silvia en los lugares visibles, las dos tortugas fugitivas no aparecieron.

Se fue a una tienda de animales y compró dos *minitortugas*, pensando en la desilusión que tendría Daniel si no las encontraba a su regreso.

Los días se iban deprisa y la preocupación de Silvia seguía siendo encontrar una piraña bebé.

# 10
## Otra piraña bebé

Silvia le pidió a la abuela Pura que llamara al periódico *Segunda Mano* y solicitara la inserción de un anuncio en el que pedía comprar, a precio módico, o que le regalaran, una piraña bebé *picidifícilis tropicalis*.

El resultado no se hizo esperar. A los dos días recibió la primera llamada. Era un ecologista, pero le decía que la piraña no era tan bebé. Silvia se lo agradeció y le tomó el teléfono por si acaso.

Al siguiente día, unas seis llamadas, y en una semana, tenía como veinte propuestas de pirañas. Aunque parezca mentira, casi todas se las ofrecían regaladas.

Fue acompañada de la abuela Pura y visitó a las personas cuyas pirañas se acomo-

daban mejor a las características que buscaban. Finalmente, consiguió una que, según
su dueño, tenía unos dos años. Era pequeña pero mostraba los dientes como para devorar al mundo. Además, era de un color ligeramente más oscuro que la primitiva piraña bebé.

Y ante la imposibilidad de conseguir otra
mejor, aceptó el obsequio.

En casa, el primero en acercarse a la
pecera de la piraña fue Pompom, el gato
sociable. Tristán ladraba cada vez que lo
veía, para avisar a Silvia de las travesuras
del gato.

Silvia se quedó observando para saber si
el gato había aprendido la lección y pensó:
«No creo que se le ocurra meter la otra pata;
sería el colmo de la imprudencia.»

Pompom se aproximó lentamente a la pecera, observó con calma a la piraña, mientras batía distraídamente la cola como si no
quisiera darse por enterado.

La piraña, al verlo, giró varias veces sobre su cuerpo, pegó los morros al cristal y abrió la boca mostrando los afilados dientes. El gato sociable arqueó el espinazo, estiró las patas delanteras, frunció las uñas y puso cara de pocos amigos.

—¡Rrrrrr! ¡Miaaaau! —dijo con tono agresivo y se acercó amenazante al pez, que notó las intenciones del gato y lo aguardó mirándole detenidamente con la boca abierta, mostrando sus afilados dientes.

Silvia se dio cuenta de que el gato había reconocido, con facilidad, que no se trataba de la antigua piraña.

«La profesora Loli, con lo especialista que es en la materia, qué dirá cuando se entere del cambiazo», pensó muy afligida.

Se acercaba el fin de las vacaciones y el pequeño zoológico ya no era el mismo.

El gato, además de sociable, se había vuelto muy obediente. Seguía un poco cojo y tenía miedo de acercarse a los objetos de cristal. Tristán permanecía a su lado; se habían hecho buenos amigos.

Los *hámsters*, en apenas unas semanas, habían crecido tanto que ya no cabían en tres jaulas.

El loro tenía las plumas chamuscadas y, de cuando en cuando, daba gritos terribles.

Una mañana, cuando Silvia fue a la cocina, encontró que las tortugas se habían bajado junto al cubo de la basura. Las cogió para llevarlas a su cubeta y descubrió con gran emoción que las que ella había comprado estaban allí. Por lo tanto, ahora, a falta de dos, había cuatro.

# 11
## Adiós al verano

Casi todo el país conoció la historia del loro héroe y también Mari Carmen, la dueña del famoso Pico de Oro, que adelantó en dos días su retorno.

Llegó a la casa acompañada de un grupo de vecinos y muchos chiquillos que, al ver el loro héroe, aplaudieron y dieron gritos de júbilo.

Mari Carmen le trajo a Silvia un ramo de flores y a Pico de Oro un pastel de maíz tierno.

Silvia estaba asustada porque ella descubriría las alas descoloridas y chamuscadas del loro famoso y, antes de que se lo echara en cara, le dijo:

—Es un héroe, pero tiene las alas descoloridas y maltrechas.

Mari Carmen inspeccionó el cuerpo de Pico de Oro. Miró a Silvia con la nariz erguida y muy seria le dijo:

—¡Tranquila, hija! Las heridas ennoblecen a los héroes.

Silvia dio un suspiro de alivio.

Federico le dio dos besos y un fuerte abrazo a Silvia. El niño estaba muy agradecido.

—Son los primeros *hámsters* bebé que tengo —dijo muy emocionado.

—Bueno, antes tenías dos y ahora diez. ¿Qué piensas hacer con tantos?

—¡Nada! ¡Ya tienen dueño! —buscó en el bolsillo de su pantalón y le enseñó una arrugada lista de nombres—. Éstos han sido los primeros en apuntarse y mis otros amigos están en la lista de espera.

Cogió las jaulas, le dio dos besos a Silvia y se marchó.

Ana y su madre llegaron al día siguiente.

Después de saludar a la abuela Pura y a Silvia, preguntaron inmediatamente por Pompom.

—¿Miaaauuu? —dijo el gato sociable asomándose al salón, al oír su nombre.

Primero Ana y luego su madre lo tomaron entre sus brazos cubriéndolo de caricias y besos.

—¿Y qué tal se portó mi Pompom? —le preguntó a Silvia la madre de Ana.

—Muy bien —contestó la chica y prefirió no darle mayores explicaciones.

—Te lo dije. Es un gato muy bueno y supongo que hizo amistad con los animales que cuidaste.

—Sí, es un gato muy sociable —dijo sonriendo—. Sólo que a veces metía la pata donde no debía.

La abuela Pura no resistió el reírse y, para que no se sintieran incómodas sus vecinas, les dijo:

—¡Esta niña! ¡Tiene unas ocurrencias...!

Ana y su madre prefirieron despedirse, después de agradecerles los cuidados que habían tenido con su gato sociable.

Tristán ya no era un perro triste. Corría de un lado a otro, cuidaba a los animales y, cuando éstos querían hacer de las suyas, se ponía a ladrar hasta que Silvia o la abuela acudían para poner orden entre sus mascotas.

—Debería tener otro animalillo para que le haga compañía a Tristán —sugirió a doña Gertrudis cuando vino por él.

—Gracias, hija —dijo la anciana, feliz de ver a su perro correr de un lado a otro—. Pronto mi Tristán tendrá compañía.

Le dio dos besos y se despidió.

El acuerdo con Daniel era que, pasado el verano, Silvia debía volver a regalarle sus tortugas. Tomó la cubeta y fue a su apartamento. La madre la hizo pasar al dormitorio del niño.

El pobre Daniel estaba recostado sobre la cama con una pierna escayolada, medio paliducho para venir de la playa. Pero al ver a Silvia, se le iluminó el rostro y le obsequió con una sonrisa.

—Se cayó por travieso y ahora tendrá que permanecer así tres semanas más —le explicó la madre.

—¿Te duele? —le preguntó Silvia, muy apenada al verlo en esa situación.

—No —le respondió—, sólo me molesta no jugar con mis amigos.

—Mira —le dijo y le mostró las cuatro tortugas—, he comprado dos más y ahora te las quiero regalar todas. ¿Aceptas?

—Oh, sí —dijo el niño.

—Oh, no —se quejó la madre—. Ahora serán cuatro tortugas las que se salgan de la cubeta y se pierdan por ahí, y yo dale que te pego a buscarlas.

—Yo no sabía que eran unas tortugas acostumbradas a fugarse de la cubeta —le respondió Silvia.

—Si yo te hubiera contado lo de sus fugas —le dijo Daniel con una sonrisa de triunfo—, tú no me las habrías cuidado.

La última en ir a por su mascota fue la dueña de la piraña bebé.

Silvia estaba dispuesta a soportar la bronca y pensaba decirle que si ella se empeñaba, haría el pedido a la agencia internacional para que trajeran del otro lado del mar una *picidifícilis tropicalis* auténtica, aunque tuvieran que dejarlas sin un duro a ella y a la abuela Pura, que le había prometido darle todos sus ahorros.

La profesora Loli, después de saludar a la abuela Pura y a Silvia, caminó hasta la pecera. La tomó entre sus manos y estampó un beso al cristal. Miró una vez más a la piraña y volvió a darle otro beso.

—Pequeña —dijo emocionada dirigién-
dose a la piraña—, noto que has crecido un
pelín. Anda mi tesoro, agradece a Silvia y
a su abuela sus cuidados. Y vámonos, que
mañana debo asistir al colegio.

Cargándola con sumo cuidado se llevó
la pecera.

Al despedirse alabó una vez más los des-
velos de las dos mujeres y les mandó un beso
con la mano mientras cogía el ascensor.

Cuando todo el pequeño zoo de verano
se disolvió, Silvia sintió una gran pena. Le
faltaban sus mascotas, a las que había llegado a querer.

La ciudad recobraba el bullicio de siempre. La marcha de los jóvenes inundaba las
calles. Agosto llegaba a su término.

A media tarde retornaron sus padres y
hermanos y les contaron las experiencias que
habían vivido en su viaje de vacaciones.

La chica les relató las aventuras que pa-

saron ella y la abuela Pura con el pequeño zoo. Sus hermanos no se cansaban de hacerle preguntas ni ella de responderlas.

Silvia y la abuela estaban felices, porque ahora toda la familia estaba en casa.

# 12
# Sin un solo suspenso

El curso escolar pasó deprisa y las nuevas vacaciones llegaron con la rapidez de un rayo.

Y por fin se acabaron los exámenes de fin de curso. Silvia sacó en casi todas las asignaturas notables y sobresalientes y, como premio, esta vez se irían de vacaciones.

—¡A Canarias! ¡Este año nos vamos a Canarias! —dijo el padre a viva voz.

Luis, Curro y Almudena dieron saltos de felicidad y Silvia abrazó a la abuela.

Su padre extendió sobre la mesa un mapa de Canarias. Les mostró el recorrido que harían por las diferentes islas y agregó:

—Este verano lo pasaremos muy bien.

Estando nosotros seis, no tendremos que preocuparnos por nada.

—¿Cómo que no tendremos que preocuparnos por nada? ¿Y la abuela Pura es «nada»? —le respondió Silvia indignada.

—La abuela Pura es muy anciana para estos ajetreos —le contestó su padre.

—¡Que anciana ni que ocho cuartos! ¡Los ancianos son ustedes, que no se dan cuenta de nada! —le dijo, más enfadada que antes.

Silvia había tomado una decisión y nadie, absolutamente nadie, la haría cambiar de opinión.

—¡Si no va la abuela Pura, yo no voy!

Hacía un calor de miedo, los jóvenes se divertían en las cubiertas de los veleros y disfrutaban del aire fresco del Atlántico. Las gaviotas descansaban plácidamente en los mástiles de los barcos. Y en una lancha, que se alejaba lentamente de la playa, había un gran bullicio. Alguien gritaba.

—¡No me hagas esa foto! ¡Que tengo el pelo desordenado!

—¡Que sí, abuela Pura! ¡Que estás muy guapa! —le dijo Silvia.

Y ¡clic!, hizo la foto.